Für Willie

Herstellung und Verlag:
Books on Demand GmbH, Norderstedt
ISBN: 978-3-8391-4897-6

In Erinnerung an den „echten“ Arnold, der es leider nicht geschafft hat und im Alter von nur 21 Monaten an einer Meningitis gestorben ist. Dies hätte seine Geschichte sein können…

Inhaltsverzeichnis

Einleitung

Der Lebensraum der Orang-Utans in Indonesien verschwindet in einem rasanten Tempo. Die Tiere müssen oft auf Ölpalm-Plantagen ausweichen, um die nahrhaften Früchte zu „stehlen" und viele werden dabei von den Plantagenarbeitern getötet. Überlebende Jungtiere werden als Haustiere verkauft. Der Handel und der Besitz von Orang-Utans sind zwar illegal, vielen Einheimischen ist das aber nicht bewusst, daher wird der illegale Besitz von den Behörden oft nur als Kavaliersdelikt betrachtet. Die Tiere werden in der Regel in viel zu kleinen Käfigen gehalten oder irgendwo angekettet, mit einem sehr eingeschränkten Bewegungsradius. Das ist kein Leben für einen Hund und schon gar kein Leben für einen Menschenaffen. Die „glücklichen" Tiere werden konfisziert und in Auswilderungsstationen gebracht.

Die Stationen platzen aus allen Nähten, täglich sind Neuzugänge zu verzeichnen. Für Orang-Utan-Babys ist der Verlust der Mutter ein Super-GAU. Sie bleiben normalerweise ca. 7 Jahre bei der Mutter und lernen alles von ihr. Daher durchlaufen die Tiere in den Stationen je nach Alter und Charakter verschiedene Stufen einer Schullaufbahn, wo Menschen ihnen alles beibringen müssen, was sie sonst von ihrer Mutter gelernt hätten. Mit ca. 10 Jahren werden die Tiere geschlechtsreif und werden in Freiheit ca. 40 Jahre alt. Die Weibchen paaren sich nur alle 8 bis 9 Jahre und ziehen in ihrem Leben durchschnittlich 3 - 4 Junge groß.

Es ist schon skurril, dass ein Affe ausgerechnet von einem Menschen klettern lernen soll.

Orang-Utans sind neugierig und manchmal quengelig wie kleine Kinder. Tricks aus der

Kinderheilkunde sind schwer gefragt, wenn es darum geht, den Orang-Utans Medizin zu verabreichen. Auch Gefahren müssen erkannt werden, so behelfen sich die Mitarbeiter beispielsweise mit Gummischlangen, um auf die Gefahr aufmerksam zu machen. Es ist also viel Geduld und Fantasie nötig, um die kleinen auf ein Leben in Freiheit vorzubereiten, denn das ist ja langfristig das Ziel.

In diesem Buch erzählt der kleine Orang-Utan Arnold seine Geschichte.

- 1 -

Im Wald

Hallo, mein Name ist Arnold und ich bin ein Pongo Pygmaeus. Ich wurde auf der Insel Borneo, der drittgrößten Insel der Welt, geboren. Diese Wörter habe ich bei den Menschen aufgeschnappt, denn ich bin in einer Auswilderungsstation aufgewachsen, habe aber keine Vorstellung davon, was zum Beispiel eine Welt ist. Und normalerweise haben wir auch keine Namen, es sei denn die Menschen geben uns einen. In der Sprache der Einheimischen bezeichnet man mich als Orang-Utan, **orang** bedeutet Person und **hutan** bedeutet Wald. Ich bin also eine Person des Waldes. Damit kann ich mich identifizieren, denn den Wald kenne ich.

An meine Mutter kann ich mich noch schwach erinnern, mit ihr verbinde ich Wärme und Geborgenheit. Sie hat mich nie allein gelassen, immer habe ich mich an ihr zotteliges, rotbraunes Fell geklammert, indem ich meine Finger und Zehen in ihre langen Haare wickelte. Wir wohnten hoch oben in den Bäumen, in denen wir große Schlafnester aus Blättern und kleinen Zweigen bauten. Gleichzeitig waren die Bäume unsere Speisekammer, denn an ihnen wuchsen die leckersten Früchte.

Da ich erst 6 Monate alt war und noch nicht alle Zähne hatte, konnte ich die Früchte noch nicht selber zerbeißen, daher fütterte meine Mutter mich mit vorgekautem Brei. Am liebsten war mir aber die warme Milch, die mich schläfrig werden ließ, wenn ich mit geschlossenen Augen, eng an meine Mutter gekuschelt, an ihrer Brust saugte.

Eines Tages hörten wir einen unbekannten Lärm aus der Ferne, der täglich näher zu kommen schien. Irgendwann sahen wir ein großes gelbes Monstrum, einen Bulldozer, der alle Bäume umwarf, die ihm im Weg standen. Meine Mutter war entsetzt, sie gab pfeifende Töne von sich und schüttelte ununterbrochen die Zweige. Der Bulldozer ließ sich davon aber nicht beeindrucken und so schwang sich meine Mutter mit mir von Baum zu Baum, immer tiefer in den Wald hinein, doch der Bulldozer holte uns täglich wieder ein. Irgendwann erlangten wir die Waldgrenze und wir konnten nicht weiter fliehen, da es keine Bäume mehr gab, auf die wir uns schwingen konnten. Wir versuchten es in eine andere Richtung, doch auch hier hörte der Wald, wie wir ihn kannten, plötzlich auf. So weit das Auge reichte, sahen wir statt der über 1700 verschiedenen Baumarten nur noch eine einzige Baumart: Ölpalmen. Alle im gleichen Abstand zueinander. Diese Art von Wald bot keinen Schutz für uns, wir konnten nicht von Baum zu Baum schwingen und es gab keine abwechslungsreiche Nahrung.

Da in unserem Urwald die Fruchtbäume recht weit auseinander standen und meine Mutter hungrig war, traute sie sich auf den Boden, um von einer nahe gelegenen Ölpalme die schmackhaften Früchte zu holen. Dabei wurden wir von den Menschen entdeckt. Meine Mutter floh zurück in den Urwald und kletterte ganz hoch hinauf in die Bäume.

Ich sah zum ersten Mal im Leben Menschen, sie kamen schreiend und mit seltsamen Stöcken in den Händen auf unseren Baum zugelaufen, ich hatte große Angst!

Plötzlich gab es ein peitschendes Geräusch, meine Mutter schrie, ihr Körper wurde schlaff und stürzte in die Tiefe. Ich klammerte mich ganz fest an sie, doch wir fielen und fielen unkontrolliert auf den Waldboden zu. Der Aufprall war fürchterlich, ich drückte mich verzweifelt an meine Mutter, die unter mir lag, doch sie reagierte nicht. Sie lag ganz still da, kein Laut, keine schützende Umarmung, kein beruhigender Herzschlag.

Ein Mann packte mich, verzweifelt versuchte ich mich am Fell meiner Mutter festzuklammern, doch gegen die Menschen hatte ich keine Chance. Sie steckten mich in einen Sack. Ich war noch nie allein, immer war meine Mutter in meiner Nähe gewesen, daher schrie ich nach ihr. Sie war die einzige Sicherheit, die ich kannte, doch sie antwortete nicht. Ich war verzweifelt und verwirrt, ich fühlte mich einsam und verlassen.

Tagelang steckte ich ohne Essen und Trinken im Sack, dann wurde ich herausgezerrt und in eine Holzkiste gesteckt. Ich bekam eine Schüssel mit Wasser, doch da ich bisher nur an der Brust meiner Mutter getrunken hatte, wusste ich zuerst nicht, wie ich aus der Schüssel trinken sollte. Da ich aber einen unglaublichen Durst hatte, gelang es mir irgendwann. Ich bekam Bananen, die hatte ich noch nie gesehen, denn die wachsen nicht im Urwald. Die Bananen schmeckten gut und ich fühlte mich etwas besser, doch mir fehlte die Wärme und Geborgenheit meiner Mutter.

Die Einsamkeit wurde zur Ewigkeit, und da das Wasser und die Bananen nicht die richtige Ernährung für mich waren, wurde ich immer schwächer. Ich bckam Durchfall, und da niemand meine Kiste säuberte, war mein Fell bald ganz verklebt und verdreckt.

Eines Tages wurde ich an andere Menschen übergeben und einige Papierscheine wechselten den Besitzer. Ich wurde aus meiner Holzkiste befreit, bekam dafür aber eine Kette um den Hals gelegt. Das andere Ende wurde an einem winzigen Baum befestigt, sodass ich mich nur in einem kleinen Radius um den Baum bewegen konnte. Mit einem Wasserschlauch wurde ich abgespritzt. Das Wasser war kalt und ich schrie vor Schreck, ich wollte dem Wasser ausweichen, doch der Strahl folgte mir. So einfach ließ sich der Dreck aber nicht aus meinem Fell entfernen. Eine Frau wollte mich bürsten, da das aber ziepte, versuchte ich immer sie zu beißen. Nach etlichen Versuchen erwischte ich ihre Hand und biss kräftig zu. Sie schrie und schlug mich mit der Bürste, aber von da an hatte ich Ruhe vor ihr.

Ich wurde weiterhin mit Wasser, süßem Saft und Früchten gefüttert, doch mein empfindlicher Magen spielte nicht mit, ich hatte weiterhin Durchfall. Hinzu kam jetzt noch, dass der winzige Baum tagsüber keinen Schatten spendete und ich so den ganzen Tag der erbarmungslos brennenden Sonne ausgesetzt war. Nachts oder bei Regen bot das Bäumchen keinen Schutz.

In den ersten Tagen kamen viele Menschen vorbei um mich zu bestaunen, viele Hände wollten nach mir greifen, und da ich Angst hatte, versuchte ich in diese Hände zu beißen. Sie bewarfen mich mit Früchten und manchmal lachten sie laut, wenn ich etwas zurückwarf oder mir gegen die Hitze eine Melonenscheibe auf den Kopf legte. Mein Durchfall hielt an, bald war ich so schwach, dass ich mich kaum noch bewegen mochte. Halb im Delirium bekam ich mit, dass wieder Besucher eingetroffen waren. Doch diesmal waren die Stimmen bestimmt und entschlossen, ja sogar wütend. Jemand befreite mich von der Kette und nahm mich auf den Arm. Ich hatte keine Kraft mehr zu beißen, außerdem erinnerte mich diese Umarmung an meine Mutter. Ich erinnerte mich an Wärme und Geborgenheit und ließ mich widerstandslos zum Auto tragen.

Bevor ich auf dem Arm meines Retters einschlief, warf ich durchs Autofenster noch einen letzten Blick zurück. Auch wenn ich nicht wusste, was nun auf mich zukam, diesen Ort würde ich gewiss nicht vermissen.

- 2 -

Quarantäne

Als ich erwachte, bemerkte ich, dass etwas Spitzes in meinem Arm steckte. Daran befestigt war ein dünner Schlauch. Ich folgte dem Schlauch mit meinem Blick und sah erstaunt eine Flasche, aus der es in den Schlauch tropfte. Dann schlief ich wieder ein. Man hatte mich an einen Tropf gehängt, da ich dringend Flüssigkeit brauchte. Jedes Mal wenn ich erwachte, ging es mir etwas besser.

Ich war inzwischen in die Auffangstation **Harapan** – was Hoffnung bedeutet – gebracht worden. Hier wurde ich aufgepäppelt und untersucht, doch da ich die meiste Zeit geschlafen habe, kann ich mich nicht mehr so genau an alles erinnern. Ich erinnere mich aber noch daran, wie ich mein erstes Fläschchen warme Babymilch bekam, eng an einen Babysitter gekuschelt fühlte ich mich zum ersten Mal wieder geborgen. Meine Babysitter ließen mich nie allein, immer konnte ich mich an sie klammern und kuscheln. Statt meiner Mutter hatte ich nun fünf menschliche, weibliche Babysitter, die sich abwechselnd um mich kümmerten.

Als es mir wieder besser ging, nahm mich ein Babysitter mit in den Wald. Der Anblick der Bäume gab mir ein vertrautes und sicheres Gefühl. Die Stationsleiterin kam vorbei, um sich über meine Fortschritte zu informieren. Sie setze sich hin, nahm mich auf den Arm und spielte mit mir. Dann lag ich mit dem Rücken auf ihren Knien und hielt mit meinen kleinen Händen je einen Finger ihrer Hände umklammert. Ich versuchte mich daran hochzuziehen, es war sehr anstrengend, aber ich schaffte es! Da rief sie erstaunt aus, ich sei ja ein kleiner Arnold. Staunend blickte ich sie an und fragte mich, was wohl ein Arnold sei? Lachend sagte sie, ich hätte Muskeln wie Arnold, daher würde der Name gut zu mir passen.

Den Arzt mochte ich weniger, denn der piekte mir in den Arm, um mir Blut abzunehmen. Das Blut wurde getestet, um zu sehen, ob ich irgendwelche ansteckenden Krankheiten hatte. Bevor ich in die Waldkinderkrippe durfte, mussten erst die Ergebnisse abgewartet werden, was zwei Wochen dauern sollte.

In der Zwischenzeit schaukelte ich stundenlang im Arm eines Babysitters in der Hängematte, ließ mich durchkitzeln und mit weichen Obstsorten füttern und trank so viel Milch, wie ich nur konnte.

Nachts schlief ich in einem bunten Wäschekorb, in dem weiche Decken und Kissen lagen, und der mich ein bisschen an ein Schlafnest erinnerte. Ich lag auf dem Bauch und wurde so in die Decken eingewickelt, dass es sich fast wie eine Umarmung anfühlte. Trotzdem träumte ich oft von dem verhängnisvollen Tag, an dem ich meine Mutter verloren hatte. Es fühlte sich an als würde ich fallen und fallen und fallen … bis ich plötzlich aufwachte. Dann war ich zuerst ganz verwirrt und musste mich erst orientieren, ich schlief aber meistens schnell wieder ein.

Dann waren die zwei Wochen um, ich hatte zum Glück keine ansteckenden Krankheiten wie TBC, Hepatitis B oder HIV und auch keine Parasiten. Nun konnte ich in die Waldkinderkrippe umziehen.

Die Waldkinderkrippe

Darauf war ich nicht vorbereitet: 17 andere Orang-Utans, so viele hatte ich noch nie gesehen!

Es gab kleine und große, dicke und dünne, lustige, freche und sehr, sehr traurige, alle im Alter von wenigen Wochen bis ca. 18 Monaten. Die größeren kamen neugierig zu mir, um mich mit ihren weichen Nasen zu beschnüffeln. Ich war ein bisschen ängstlich, denn ich wusste nicht genau, wie ich mich verhalten sollte. Außer meiner Mutter war ich bisher nur sehr wenigen anderen Orang-Utans begegnet und das auch nur sehr flüchtig.

Mein Babysitter ermutigte mich, mich an den Ast eines kleinen Baumes zu hängen, aber ich war noch nicht bereit dazu. Die ersten Tage verbrachte ich damit, die anderen Orang-Utans dabei zu beobachten, wie sie dicht über dem Boden an kleinen Ästen schaukelten. Das sah eigentlich ganz lustig aus. Schließlich traute ich mich auch an einen kleinen Baum heran. Offensichtlich war dieser aber zu schwach für mein Gewicht, denn er bog sich sofort Richtung Boden. Vor Schreck ließ ich los und plumpste aus einer erschreckenden Höhe von ca. 5 cm auf den Hosenboden. Das war doch schwieriger als es aussah. Mein Babysitter stand in der Nähe und beobachtete mich, reagierte aber nicht. Zuerst wollte ich schnell zu meinem Babysitter zurück, doch dann sah ich Honky, der kleiner war als ich und mich von einem höheren Ast in der Nähe frech angrinste. Das konnte ich nicht auf mir sitzen lassen, also suchte ich mir einen etwas kräftigeren Baum und versuchte es noch mal. Geschickt schwang sich Honky zu mir rüber und zog an meinem Fuß. Ich schrie vor Schreck auf, versuchte mich an dem Stamm festzuklammern, rutschte aber dennoch daran herunter und riss Honky mit mir. Wir landeten in einem Knäuel auf dem Boden und rauften uns. Von da an waren wir die besten Kumpel.

Nachts hatte jeder von uns seinen eigenen mit Kissen und Decken vollgestopften Korb.

Morgens bekamen wir als erstes unsere Milch, dann wurden wir gewogen. Ich wog nun 3 kg, hatte seit meiner Ankunft also fast 1 kg zugenommen! Aus hygienischen Gründen mussten wir in der Waldkinderkrippe alle diese zunehmend lästigen Windeln tragen, die unsere Babysitter regelmäßig wechselten.

Die Babysitter sammelten uns anschließend ein, wir klammerten uns an Arme, Beine oder Hals, und los ging es Richtung Kletterwald.

Ich schaukelte besonders gern an langen, elastischen Zweigen, die von oben herabhingen oder an fast bis zum Boden reichenden Palmblättern. Einmal hatte ich mich an einem Palmenblatt eingeschwungen, erinnerte mich daran, wie meine Mutter sich von Baum zu Baum geschwungen hatte, griff mutig mit einer Hand und einem Fuß nach einem Zweig am Nachbarbaum und hatte eine relativ akrobatische Position eingenommen, von der aus ich – stolz über die gelungene Aktion – zu Honky rübergrinste, als ich plötzlich das Gleichgewicht verlor und kopfüber baumelnd hängen blieb.

Mir blieb nichts anderes übrig, als den Ast los zu lassen und am Palmenblatt zurück-zuschwingen! Hu, was für ein Schreck!

Nach dem Klettern ging es zurück zur Station, wo ein herrlicher Spielplatz auf uns wartete. Aus alten Autoreifen waren Seile und Schaukeln gebaut worden, es gab ein paar Hängematten, die zum Ausruhen einluden, und die Babysitter ließen sich verschiedene Spiele für uns einfallen.

Ich liebte besonders die Seifenblasen, wenn sie so schön im Sonnenlicht schillernd, federleicht durch die Luft schwebten. Es ist mir aber nie gelungen, sie zu fangen. Immer wenn ich geglaubt hatte eine gefangen zu haben, war sie plötzlich weg. Dina, ein etwas älteres Orang-Utan Mädchen, liebte besonders den Geschmack und versuchte immer die Seifenblasen mit dem Mund zu fangen.

Honky aber mochte besonders die Bälle, stundenlang konnte er damit durch die Gegend kullern, und wehe jemand klaute ihm seinen Ball! Zuerst schrie er entsetzt auf, dann verfolgte er den Dieb – also meistens mich – um sich seinen Ball zurückzuholen, in der Regel endete dies in einem grunzenden Knäuel aus rothaarigen Ärmchen und Beinchen, während der Ball unbeachtet durch die Gegend rollte. Ach, es machte einfach zu viel Spaß Honky zu ärgern!

Auf der Spielwiese standen auch immer Bottiche mit verschiedenen Früchten wie z.B. Rambutan und Mangosteen, viele davon kannte ich nicht. Die Babysitter zeigten uns geduldig, wie man die Schalen öffnet und an das leckere Fruchtfleisch herankommt. Sie zeigten es uns aber immer nur ein einziges Mal, und wenn ich vergessen hatte wie es ging, musste ich es so lange versuchen, bis es mir gelang. Die älteren Orang-Utans kannten bereits die Tricks, daher kuckte ich viel bei ihnen ab.

Nach dem vielen klettern, spielen und Früchte kennen lernen, waren wir froh, wenn wir uns zum Schlafen in unsere Körbe begeben konnten. Inzwischen war ich entspannter und schlief auf dem Rücken liegend mit gespreizten Armen und Beinen ein.

Mit der Zeit trauten wir uns beim Klettern immer höher in die Bäume und eines Tages versuchten Honky und ich uns gegenseitig zu übertrumpfen. Ehe Honky sich versah, war er auch schon in der Baumkrone angekommen. Der Weg hoch war ja auch ganz leicht, denn man hatte seinen Weg vor sich, doch der Weg hinunter war der Sicht verborgen. Honky fing panisch an zu schreien, unser Babysitter kam herbeigeeilt, kletterte zu ihm hinauf und zeigte ihm beruhigend den

Rückweg. Ich hingegen hatte meine ersten Kletterversuche nicht vergessen und rutschte einfach am Stamm hinunter. Nicht unbedingt die bequemste Methode, aber immerhin kam ich ohne größere Blessuren unten an.

Honky bekam seine Panik vor dem Rückweg langsam in den Griff. Der Babysitter hatte ihm den Weg nach unten nur ein Mal gezeigt und wartete nun immer, bis er seinen Weg allein nach unten gefunden hatte. Mit der Zeit wurden auch meine Abstiege etwas eleganter, wobei ich trotzdem manchmal aus Spaß einfach am Stamm herunterrauschte.

Inzwischen machten Honky und ich uns einen Spaß daraus, den kleineren Orang-Utans bei ihren Kletterversuchen die Füße wegzuziehen und zeigten auch stolz unsere inzwischen gewachsenen, imposanten Eckzähne.

Ich war nun 1 Jahr alt und wog 6 kg, hatte gelernt in Bäume hinauf und wieder runter zu klettern, die ca. 2 bis 3 m hoch waren, und konnte verschiedene Früchte und Gemüsesorten erkennen und deren Schalen öffnen. Sogar Blätter konnte ich nun kauen, doch meine Lieblingsspeise war nach wie vor die warme Milch.

Für mich, Honky und 4 weitere Freunde – Dina, Anni, Momo und Franky – wurde es Zeit in den Waldkindergarten zu wechseln.

Unsere Babysitter stiegen mit uns auf die Ladefläche eines Pick-Ups und brachten uns ein paar Kilometer weiter in unsere neue Gruppe.

- 4 -

Der Waldkindergarten

Honky und ich waren in der Waldkinderkrippe inzwischen die ältesten, daher staunten wir nicht schlecht über die großen Orang-Utans im Waldkindergarten. Und es waren so viele! Über hundert Artgenossen tummelten sich auf dem Rasen. Ängstlich klammerte ich mich an meinen Babysitter.

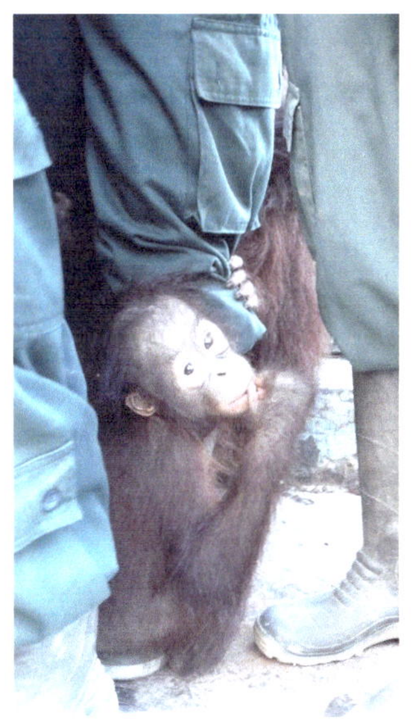

Erst nachdem ich die anderen eine ganze Weile beobachtet hatte, traute ich mich zu ihnen. Die

Größeren schnupperten neugierig an unseren Schnauzen und schubsten uns ein bisschen herum, um ihre Stärke zu demonstrieren. Ich war entsprechend eingeschüchtert. Ganz besonders Rambo, ein ca. 2 Jahre älteres Männchen, schubste uns grob herum und zog an den Haaren, sodass die Babysitter einschreiten mussten und ich nahm mir vor, besonders Rambo künftig lieber aus dem Weg zu gehen.

Nachts kamen wir in ein kleines Haus, jeder von uns hatte seinen eigenen bunten Korb, doch außer einer Decke waren nun auch Blätter und Zweige statt Kissen im Korb. Vor dem Einschlafen gab es nach wie vor warme Milch, doch einschlafen fiel mir schwer, nicht nur weil es ein aufregender Tag in einer neuen Umgebung war, sondern auch weil der Geräuschpegel wegen der vielen Tiere viel größer war, als ich es gewohnt war. Es kam auch vor, dass besonders freche ältere Orang-Utans mir nachts einfach die Decke klauten.

Morgens wurden wir mit einer kleineren Gruppe in unseren neuen Kletterwald gebracht. Honky und ich staunten nicht schlecht – die Bäume waren viel größer als die, die wir kannten, und hatten seitlich abstehende Äste, was vor allem das Runterklettern erschwerte. Wir bevorzugten erst mal das Schaukeln an den Lianen oder hielten uns am Boden auf.

Ab und zu versuchte ich ein Nest zu bauen, indem ich Blätter und Zweige unter mich zog. Einige Zweige erwiesen sich als sehr widerspenstig und ließen sich einfach nicht in die gewünschte Richtung biegen. Manchmal war das Nest einfach schief und kippte irgendwann um. Nur gut, dass ich es auf dem Boden gebaut hatte, sonst wäre ich wohl abgestürzt! Honky fand das Nestbauen langweilig, er verscheuchte lieber die schüchterne Anni und machte es sich in ihrem Nest bequem.

Anni war etwa ein Jahr älter als wir, sie saß oft allein in einer Ecke, umarmte sich selbst und schaukelte dabei die ganze Zeit. Aber Nester bauen konnte sie schon ganz gut, das hatte sie sich bei den älteren Weibchen abgekuckt.

Franky, genauso alt wie Anni, war sehr selbstbewusst, spielte gern mit uns, konnte sich aber auch sehr gut mit sich selbst beschäftigen. Er war der geschickteste Kletterer von uns allen.

Momo, der etwas jünger war als Honky und ich, machte sich einen Spaß daraus die Mädchen zu ärgern, indem er ihnen Futter oder Spielzeug klaute, sie an den Beinen vom Baum zog oder von ihren Sitzplätzen schubste. Mit uns wollte er nie spielen, aber die Mädchen konnten ihn natürlich nicht leiden, daher war er oft allein.

Im Wald gab es auch noch viel anderes zu entdecken: ein dicker schwarzer Käfer mit schillernden Flügeln umschwirrte meine Nase bevor er sich vor mir auf einem Strauch nieder ließ. Als ich nach ihm greifen wollte, schwirrte er auch schon davon.

Als ich mich wieder dem Nestbau widmen und einen Zweig abbrechen wollte, saß auf diesem eine dicke Schnecke mit ihrem schweren Haus und guckte mich mit ihren Stilaugen herausfordernd an. Spontan entschied ich mich für einen anderen Zweig.

Am frühen Abend wurden wir wieder zurück zur Station gebracht. Auf dem mit Holzplanken ausgelegten Weg entdeckte ich ein Krabbeltier mit sehr, sehr vielen Füßen, die sich wellenförmig vorwärts zu bewegen schienen.

Auf dem Rasen bei der Station trafen wir wieder mit den anderen Gruppen zusammen und konnten spielen und raufen. Außerdem gab es Körbe mit klein geschnittenem Obst. Einige Sorten hatte es in der Waldkinderkrippe nicht gegeben, denn ein junger Orang-Utan-Magen hätte diese Früchte noch nicht vertragen.

Ich aß zum ersten Mal im Leben Ananas und konnte gar nicht genug davon kriegen.

Die Babysitter hatten für uns auf dem Rasen leere Pappkartons zum Spielen verteilt und es sah sehr lustig aus, als so ein Karton mit Händen und Füßen, die verdächtig wie die von Honky aussahen, auf mich zugewankt kam. Ich hob den Karton einfach hoch und siehe da: ein Honky. Er wollte natürlich seinen Karton zurückhaben und schon wälzten wir uns auf dem Rasen, wo wir den Karton schließlich, in viele kleine Stücke zerfetzt, liegen ließen.

Sehr beliebt waren auch die leeren Futtersäcke, mit denen konnte man so schön verstecken spielen oder eine Hängematte oder sogar ein Nest daraus bauen.

Ich liebte diese Abendstunden. Wenn man schließlich müde wurde, konntc man gemütlich in einer Hängematte schaukeln, mit einem Babysitter knuddeln oder einfach im Schatten auf dem Rasen dösen, bevor es zum Schlafen ins Haus ging.

Eines Morgens wachte ich auf und fühlte mich elend. Ich hatte furchtbaren Durst, mir war heiß und gleichzeitig kalt. Ich mochte mich kaum rühren, denn alles tat mir weh. Ich war anscheinend nicht der Einzige, dem es so erging. Die Babysitter holten den Arzt und dieser schickte uns in die Krankenstation.

Dort waren bereits einige andere Orang-Utans, einige, wie ich mit Grippe, andere hatten Malaria, es gab aber auch Tiere mit Knochenbrüchen oder Schussverletzungen, die separat untergebracht waren, damit sie sich bei uns nicht anstecken konnten. Wir wurden rund um die Uhr betreut, wir konnten mit den Babysittern kuscheln oder nur Händchen halten, und bekamen Medizin, die überraschend gut nach Orangen schmeckte.

Am nächsten Tag, als wir im Garten der Krankenstation im Schatten dösten, beobachtete ich Betsy, ein älteres Weibchen, das sich schon den ganzen Morgen den Kopf gehalten hatte – offensichtlich litt sie an Kopfschmerzen. Sie trottete zu einem Busch, der mit kleinen lila Blüten übersät war. Sie begutachtete kurz die Blüten und aß ein paar davon. Obwohl es mir schlecht ging, war mir auch langweilig und neugierig war ich sowieso. Also trottete ich auch zu diesem Busch, betrachtete die Blüten sehr genau und probierte ein paar davon. Ich hatte ebenfalls den ganzen Morgen ein leichtes

Kopfgrimmen verspürt, das einige Minuten später verschwunden war. Ob das mit dieser Pflanze zu tun hatte?

Ich beobachtete Betsy neugierig, auch ihr schien es etwas besser zu gehen. Diese Pflanze sollte ich mir wohl unbedingt gut merken!

Nach zwei Wochen ging es mir wieder so gut, dass ich zurück in meine Gruppe durfte. Doch ich war ein wenig traurig, denn zwei von den kleineren Orang-Utans waren gestorben.

Zurück in meiner Gruppe warteten neue Lektionen auf mich. Während wir uns im Klettern übten, fand Honky ein interessantes Spielzeug: eine Schlange. Er wollte danach greifen, doch unser Babysitter sprang aufgeregt herum und schlug mit einem Stock in Richtung Schlange und lief dann ein Stück weg. Neugierig sahen wir zu der Schlange hin, einige trauten sich auch näher ran, aber unser Babysitter sprang jedes Mal aufgeregt herum und schlug mit dem Stock. Anscheinend musste diese Schlange wohl gefährlich sein! Da kletterte ich doch lieber ein bisschen höher in den Baum!

Kurz darauf fing es an zu regnen. Normalerweise macht mir das nicht viel aus, aber diesmal war es ein richtiger Wolkenbruch, daher suchte ich nach einer passenden Kopfbedeckung und griff nach dem größten Blatt in Reichweite.

Zu meiner Überraschung befand sich darunter eine große Raupe, die genüsslich an dem Blatt mampfte.

Wow, die hatte ja längere Haare als ich! Eigentlich hätte ich die Raupe gern genauer untersucht, doch da das Blatt löchrig war und es wirklich heftig regnete, griff ich nach den nächsten Blättern, bastelte mir schnell einen Hut und wartete den Regenguss ab.

In der Regenzeit ist es leicht an Trinkwasser zu gelangen, aber in der Trockenzeit ist es etwas schwieriger. Unsere Babysitter hatten uns gezeigt, wie man z.B. ein Blatt als Schöpfkelle oder als Trichter gebrauchen kann und das man Wasser in hohlen Astlöchern oder Baumstümpfen finden kann. Früh morgens kann man auch den Tau von den Blättern lecken.

Doch für heute wartete eine andere Lektion auf uns: Termiten. Nachdem es aufgehört hatte zu regnen, zeigte uns unser Babysitter ein Stück Holz, das schon ein wenig verrottet war. Sie saugte an dem Holz und schmatzte dann zufrieden. Daraufhin hielt sie mir das Holzstück entgegen. Neugierig untersuchte ich es. Ich entdeckte kleine Löcher, in denen sich Insekten versteckten. Ich tat es meinem Babysitter gleich und schlürfte die Insekten aus den Löchern. Schmeckten ganz okay, aber Früchte waren mir dann doch lieber. Honky konnte sich allerdings gar nicht mit den Termiten anfreunden und warf sein Stück Holz einfach weg. Anni hatte aber Geschmack an den Termiten gefunden und angelte sich Honkys Portion.

Für die Babysitter wurde es immer schwieriger uns abends einzusammeln und zur Station zurück zu bringen, denn oft hatten wir keine Lust unseren Wald zu verlassen. Irgendeiner verweilte immer oben im Baum und musste mit Obst überredet werden herunter zu steigen.

Manchmal half nur der „wir-gehen-jetzt-und-lassen-dich-ganz-allein"-Trick. Spätestens jetzt kamen auch die Selbstständigsten hinterher.

Mit der Zeit wurden wir unabhängiger von den Babysittern und weniger kuschelbedürftig (außer Anni, die den Menschen mehr zugetan war als uns). Wir hatten noch mehr Früchte und Gemüse kennen gelernt, konnten verschiedene Blätter auseinanderhalten (was gar nicht so einfach war, da sie sich alle so ähnlichen sahen), wir haben gelernt Proteine in Form von Insekten zu essen, konnten Nester bauen (mehr oder weniger gut), und so wurde es Zeit in die Waldschule zu wechseln. Ich war zu diesem Zeitpunkt 4 Jahre alt.

- 5 -

Die Waldschule

Der größte Unterschied zum Waldkindergarten war, dass wir nun keine weiblichen Babysitter mehr hatten, sondern männliche Betreuer, die Teknisi. Hier gab es ca. 45 Orang-Utans im Alter von 4 – 6 Jahren.

Dina war die erste, die sich mit dem neuen Wald vertraut machte. Schnurstracks kletterte sie hoch in die Bäume und erstellte sich im Kopf eine dreidimensionale Karte vom Wald. Anni folgte ihr und tat es ihr gleich.

Franky, Momo, Honky und ich blieben erst mal am Boden und wurden von den anderen Orang-Utans in Augenschein genommen. Während die Mädchen nur kurz ein wenig beschnuppert und geschubst worden waren, mussten wir mehr aushalten. Zum Glück waren wir eine kleine Gruppe und konnten uns gegenseitig schützen. Die Grobheiten der größeren Orang-Utans verteilte sich auf uns, einer allein wäre damit wohl nicht zu Recht gekommen. Zu meinem größten Schreck entdeckte ich Rambo, der mir schon im Waldkindergarten zugesetzt und mir nachts manchmal meine Decke geklaut hatte. Wie froh war ich gewesen, als er nicht mehr da war. Und ausgerechnet hier musste ich ihn wiedertreffen!

Mit der Zeit lernte ich, dass ich ihm aus dem Weg gehen konnte, wenn ich mich öfter oben in den Bäumen aufhielt.

Tagsüber warteten neue Lektionen auf uns. Das Obst, das wir sonst klein geschnitten in Bottichen serviert bekommen hatten, gab es nun nur noch im ganzen Stück auf einer erhöhten Futterplattform. Wie sollte ich nur diese riesige Wassermelone öffnen? Aufbeißen klappte nicht, an der glatten Schale rutschten meine Zähne ab und ich konnte den Mund nicht weit genug öffnen, um das runde Ding ganz in den Mund zu bekommen. Ein Stückchen weiter entdeckte ich Betsy, von der ich während meines Aufenthalts in der Krankenstation schon gelernt hatte und sah, wie sie ihre Melone hoch nahm und schwungvoll auf die Plattform warf. Die Melone zerplatzte und sie konnte genussvoll das Fruchtfleisch verputzen.

Ich versuchte es mit derselben Technik, doch meine Melone zerplatzte nicht, donnernd landete sie auf der Plattform, unbeschadet. Rambo hatte in der Zwischenzeit entschieden, dass meine Melone sowieso eigentlich ihm gehörte, schubste mich beiseite und wollte nach der Melone greifen. Diese kullerte allerdings von der Plattform und zerplatze unten am Boden. Rambo stieg von der Plattform und gab sich genüsslich der Melone hin. Neidisch lugte ich über den Rand der Plattform und beobachtete ihn dabei. Währenddessen war mein Kumpel Honky mit einer Papaya beschäftigt, was von Rambo nicht unbemerkt blieb und so machte er sich daran, Honky um die Papaya zu erleichtern. Ich nutzte die Gelegenheit, um mir die Reste der Melone zu sichern. Ach, war das lecker, so schön saftig und kühl! Ich drückte mein Gesicht tief in die fast leere Melonenhälfte, um an die Reste heranzukommen. Ich stellte fest, dass sich Melone auch ganz hervorragend als kühlende Gesichtsmaske eignet. Da es ein sehr heißer Tag war, probierte ich die Melonenschale auch als Sonnenhut aus. Er wackelte etwas, funktionierte aber sonst wunderbar, nur beim Klettern war er ein bisschen hinderlich und fiel irgendwann runter.

Kokosnüsse waren für mich allerdings frustrierend. Die harte Schale stellte für mich ein unüberwindliches Hindernis dar. Nur die ältesten Orang-Utans waren in der Lage die Schale mit den Zähnen zu öffnen oder geschickt genug, um mit Hilfe von Steinen Löcher hinein zu machen.

Die Nächte verbrachten wir in Gruppen in großen Käfigen, es gab keine Wäschekörbe mehr, dafür Blätter und Zweige, aus denen wir nun selber Schlafnester bauen mussten und wenn man Glück hatte, einen leeren Futtersack, mit dem man das Nest auspolstern konnte. Nach wie vor klaute Rambo gern, was ich ergattert hatte, doch nach ein paar Wochen wurden er und einige andere der älteren Orang-Utans von den Teknisi fortgebracht. Man war ich erleichtert.

In der Waldschule lernten wir, dass Nahrung oben in den Bäumen wächst. Die Teknisi steckten Früchte auf lange Stöcke und ermunterten uns die Bäume hoch zu klettern, um an die Früchte heranzukommen. Mit der Zeit wurden die Stöcke immer länger und – so ein Zufall – befanden sich oft direkt unter einem Früchte tragenden Baum.

In der Trockenzeit tragen die Bäume weniger Früchte, daher muss man auf andere Futterquellen zurückgreifen. Wir lernten Rattan zu essen, ohne uns die empfindliche Schnauze an der stacheligen Rinde zu verletzen. Bambus, Blätter, Wurzeln und Baumrinde ergänzten unseren Speiseplan. Insekten waren kniffeliger, denn die versuchten zu flüchten oder sich zu verteidigen. Ameisen zum Beispiel sind sehr schnell, und wenn man nicht aufpasst, beißen sie einen in die Lippe. Da ist es besser, mit einem kleinen Stock nach ihnen zu angeln und sie vom Stock zu naschen. Auch Bienen sind sehr interessant, die schwirren einem zwar um den Kopf, aber in ihrem Bau findet man den leckersten, süßesten Honig.

Dina, die in der Waldkinderkrippe eine Vorliebe für Seifengeschmack entwickelt hatte, erweiterte ihre Erkundungstouren und brach aus dem

Übungswald öfter aus. Sie tauchte dann in der Nähe der Mitarbeiterunterkünfte auf, wo sie gern Kleidungsstücke von der Wäscheleine stibitzte. Sie saugte an der leicht nach Seife schmeckenden, nassen Kleidung. Sobald ein Mitarbeiter sie mit der Kleidung entdeckte, wurde ihr ein Tauschgeschäft vorgeschlagen. Banane gegen Kleidung. Aber Dina war wählerisch, es musste schon ein wirklich verlockendes Angebot sein, damit sie die Kleidung wieder hergab. Mit der Zeit lernte sie, das Angebot anzunehmen, ohne die Kleidung herauszugeben. Aber auch die Mitarbeiter lernten dazu, sie gaben die Früchte erst heraus, wenn Sie die Kleidung wieder in den Händen hielten.

Inzwischen hatte ich auch gelernt, mein Schlafnest oben in den Bäumen zu bauen. Auch wenn meine Baukunst noch lange nicht an die von Anni oder Dina herankam, war sie doch besser als die von Honky, der noch immer am liebsten die frisch gebauten Nester von anderen beschlagnahmte oder alte Nester benutze. Ab und zu verbrachten wir sogar die Nacht im Wald, daher wurde entschieden, dass wir reif für die Insel waren.

- 6 -

Das Waldgymnasium

Es war ein aufregender Tag. Ich war nun 6 Jahre alt, klammerte mich aber wie ein Baby an meinen Betreuer, der mich zu einem motorisierten Holzboot trug. Es war mir ein bisschen peinlich, doch erleichtert sah ich, dass es den anderen – Honky, Anni und Dina – nicht anders erging. Wir wurden zu einer Insel gefahren, die der Fluss gebildet hatte.

Dina, die das Wasser liebte, hielt die Hand ins Wasser und spritze uns alle Nass. Honky gefiel das gar nicht, er war eher wasserscheu.

Auf der Insel lebten bereits andere Orang-Utans. Ich entdeckte Betsy und Franky und war sehr erleichtert, dass Rambo nirgends auftauchte.

Dina war natürlich wieder die erste, die hinauf in die Bäume stürmte, um sich einen neuen dreidimensionalen Plan und die Lage der Fruchtbäume einzuprägen.

Doch Anni schien wie gelähmt zu sein. Wie sollte sie den Kontakt zu den Menschen aufrechterhalten, wenn sie hier von Wasser umschlossen war? Nachdem die Teknisi Früchte auf einer Futterplattform verteilt hatten, machten sie sich auf den Rückweg zum Boot. Anni folgte ihnen, in der Hoffnung wieder mit zurück in die vertraute Station genommen zu werden, doch sie wurde enttäuscht. Sie blieb am Ufer sitzen und schaute dem Boot sehnsuchtsvoll hinterher. Keiner der anderen Orang-Utans kümmerte sich um sie, so blieb sie traurig im Gebüsch sitzen.

Honky und ich machten uns mit der Futterplattform und den anderen vertraut. Ab und zu wurden wir von älteren Männchen von der

Plattform geschubst, doch wir kämpften uns immer wieder rauf.

Dina baute ihr Schlafnest gleich ganz oben in den Bäumen, doch Honky und ich bevorzugten den Boden. Leider fing es in der Nacht an zu regnen. Honky hatte ein großes Stück Baumrinde gefunden, mit dem er sich zuzudecken versuchte. Ich hatte einen zerrissenen Futtersack ergattert. Doch der nasse Boden machte keinen Spaß, wo man sich auch hinlegte, entstanden Pfützen, darum kletterten wir mit unseren Schätzen auf die Futterplattform und verbrachten die Nacht dort.

Am nächsten Morgen kamen die Teknisi wieder und brachten noch ein paar Orang-Utans mit, unter anderem auch Momo. Anni, die sehnsüchtig auf die Männer gewartet hatte, schlich sich zum Boot, als diese damit beschäftigt waren, Futter auf der Plattform zu verteilen. Sie kletterte an Bord und versteckte sich unter einer Plane. Doch als die Männer zurückkamen, wurde sie sofort entdeckt und zurück an Land gebracht. Anni war nun wirklich deprimiert und lag den ganzen Tag nur auf dem Boden rum. Dort lag sie noch immer, als die Teknisi am Abend zur zweiten Fütterung wiederkamen. Einer der Männer wollte sie ermutigen mit auf die Plattform zu klettern, doch sie drehte den Kopf weg und rührte sich nicht. Er nahm ihre Hand und zog an ihrem Arm, doch sie bewegte sich noch immer nicht. Ein zweiter Mann kam hinzu und beide zogen Anni wie einen nassen Sack Richtung Plattform. Irgendwie schafften die Männer es, Anni auf die Plattform zu bugsieren. Sie wurde liebevoll in den Arm genommen und mit ihren Lieblingsfrüchten versorgt. So übel schien sie die Plattform dann gar nicht mehr zu finden, denn allmählich kuckte sie sich vorsichtig um. Die Männer halfen Anni dabei auf der Plattform aus Blättern ein kleines, improvisiertes Nest zu bauen, wo sie noch einige Minuten mit ihr verbrachten, doch bevor es dunkel wurde, mussten sie aufbrechen.

Am nächsten Morgen wurde Anni von Dina geweckt. Dina brachte Futter mit und teilte es mit Anni, die es dankbar annahm. Kurz darauf kullerten beide spielend über die Plattform. Anni brauchte noch einige Wochen um sich voll in die Gruppe zu integrieren, aber Dina war für sie da, wenn andere sie zu sehr bedrängten oder ihr das Futter streitig machen wollten.

Momo hatte sich inzwischen bei den Mädchen weiter unbeliebt gemacht. Er konnte es einfach nicht lassen sie zu ärgern, anzustarren oder mit

Stöcken zu hauen. Er musste wohl noch viel über Frauen lernen! Nur Betsy, das älteste Weibchen auf der Insel, ließ sich nicht von ihm beeindrucken. Momo war das jüngst männliche Tier auf der Insel. Er suchte auffallend oft die Nähe zu Betsy. Irgendwann änderte er seine Taktik, setzte sich mit einer Papaya neben Betsy, bot ihr eine Hälfte davon an, und als sie diese annahm, fing er an ihr Fell zu lausen. Eine Geste, die man sonst nur zwischen Mutter und Kind beobachten kann. War er die ganze Zeit auf der Suche nach einer Ersatzmutter gewesen und darum so fixiert auf Weibchen? Von da an verbrachten die beiden jedenfalls viel Zeit miteinander.

Ich hatte mich recht schnell eingelebt und war ganz zufrieden mit meinem Leben. Ein Höhepunkt war immer die Milchlieferung. Die Milch wurde nicht mehr wie früher in Flaschen, sondern wie schon in der Waldschule, in großen Eimern geliefert. Alle waren ganz wild darauf, manchmal war das Gezanke so schlimm, dass der Eimer vom vielen hin und her Gezerre überschwappte oder sogar umkippte, die Milch war dann unwiederbringlich verloren. Anni, die diese Streitereien verabscheute und ihnen daher aus dem Weg ging, platzierte sich unter der Plattform und wartete ab. Wenn Milch überschwappte, saß sie mit geöffnetem Mund unter den Holzplanken und ergatterte so ihren Anteil.

Sultan war das älteste, erfahrenste und somit auch das dominanteste Männchen auf der Insel. Er bekam sogar schon Backenwülste, das Markenzeichen der Paschas. Er schubste uns oft oder klaute uns das Futter aus der Hand um seine Position klarzustellen. Doch sobald das geklärt war, war er wieder freundlich und spielte mit uns.

Wie aus dem Nichts erschien eines Morgens Rambo auf der Bildfläche. Er war eigentlich auf einer Nachbarinsel in einer anderen Gruppe untergebracht worden, doch dort gab es viele ältere Männchen, vielleicht konnte er sich dort nicht behaupten. Wie er über den Fluss auf unsere Insel gelangt war, war mir ein Rätsel. Der Wasserstand im Fluss war sehr niedrig wegen der Trockenzeit. Vielleicht hatte er eine Stelle gefunden, an der er fast trockenen Fußes die Seiten wechseln konnte? Wir Orang-Utans können nämlich nicht schwimmen. Hatte er uns schon eine Weile beobachtet? Er kam jedenfalls zielstrebig auf die Plattform, schubste die jüngeren runter und stahl den anderen das Futter. Sultan konnte dieses Gehabe natürlich nicht durchgehen lassen und griff Rambo an. Dabei fielen beide von der Plattform, rauften sich am Boden weiter und bissen zu. Irgendwann musste Sultan einsehen, dass Rambo der Stärkere war, und zog sich zurück.

Rambo hatte offensichtlich ein Auge auf Betsy geworfen, doch die hing ständig mit Momo rum. Als Betsy sich dann allein auf den Weg in die Bäume machte, folgte Rambo ihr und versuchte sie zu kidnappen. Betsy schrie entsetzt. Momo, der futternd am Boden gesessen hatte, eilte ihr zu Hilfe und zog mutig an Rambos Füßen. Auch er schrie wie am Spieß, sodass Honky, Dina und ich auf den Tumult aufmerksam wurden und ebenfalls noch oben eilten, um Betsy zu Hilfe zu kommen. Auch Sultan eilte herbei und mit vereinten Kräften gingen wir auf Rambo los. Dieser gab sich der Überzahl geschlagen, ließ von Betsy ab und suchte das Weite.

Am Nachmittag wurde Rambo von den Teknisi auf unserer Insel entdeckt und wieder auf seine eigene gebracht. Darüber war diesmal nicht nur ich froh!

An einem der nächsten Tage entdeckte Anni eine Schlange. Kreischend machte sie uns auf die Gefahr aufmerksam und flüchtet auf einen Baum. Neugierig betrachteten wir das sich vorwärts schlängelnde Wesen. Eigentlich sah die Schlange gar nicht so bedrohlich aus. Das dachte wohl auch Honky und näherte sich ihr vorsichtig, während wir anderen auf den Bäumen einen Sicherheitsabstand einhielten. Die Schlange zischte Honky an, woraufhin er einen Satz rückwärts machte, doch anscheinend machte das noch nicht genug Eindruck auf ihn, denn er griff nach dem Schwanzende der Schlange. Der Kopf der Schlang schnellte vor und um ein Haar hätte sie zugebissen, doch in der allerletzten Sekunde ließ Honky die Schlange los und flüchtete auf einen Baum! Hatte er die Lektionen, die wir gelernt hatten, vergessen oder hatte einfach die Neugier gesiegt?

Die Regenzeit begann, auf dem Boden bildeten sich schlammige Pfützen. Honky und ich hatten ein neues Hobby: Schlamm catchen! Anni fand, dass der Schlamm eine gute Sonnencreme abgab, und schmierte ihn sich regelmäßig ins Gesicht. Dina machte sich nicht gern schmutzig, sobald ihr Fell ein paar Spritzer abbekommen hatte, ging sie am Ufer baden. Das war nicht ungefährlich, denn im Fluss lauerten Krokodile auf Beute.

Nach ein paar Tagen war der ganze Boden überflutet, nun mussten wir wohl oder übel unsere Schlafnester in den Bäumen bauen. Honky wollte das andere Ende der Insel erkunden, in der Hoffnung trockenen Boden zu finden, ich hatte aber keine Lust und ließ ihn alleine ziehen. Über Nacht kam er aber nicht zurück, daher machte ich mich am nächsten Morgen auf die Suche nach ihm. Ich fand ihn auf einem Ast hockend, an den er sich klammerte. Es schien so, als ob er die ganze Nacht dort gehockt hätte und sich nicht traute, den sicheren Ast loszulassen, denn unter ihm war nichts als Wasser. Offensichtlich hatte er die Orientierung verloren, wahrscheinlich war er von dem ansteigenden Wasser überrascht worden. Als er mich oben im Baum bemerkte, machte er sich vorsichtig auf den Weg nach oben. Von hier konnte er sich wieder orientieren und gemeinsam fanden wir den Weg zurück.

Als wir wieder zur Futterplattform kamen, gefror mir vor Schreck das Blut in den Adern: Rambo war zurück! Er saß mitten auf der überfüllten Plattform und nahm sich von den anderen Orang-Utans, was er wollte. Sultan war nirgends zu sehen. Da der Boden überflutet und die Plattform daher überfüllt war, fiel das eine oder andere Stück Obst oder Gemüse ins Wasser. Was schwimmen konnte, konnte man eventuell rausfischen, doch was versank schien verloren.

Rambo, der schon längere Zeit auf der anderen Insel verbracht hatte und die Überschwemmung bereits erlebt hatte, schwang sich von der Plattform ins hüfthohe Wasser und tastete den Boden nach Essbarem ab. Natürlich kuckten wir nicht lange zu, sondern versuchten selbst unser Glück. Was für ein cooler Trick! Damit war Rambo in meiner Achtung ein bisschen gestiegen, auch wenn ich ihm die Attacke auf Betsy nicht verzeihen konnte. Betsy machte auch keinen Hehl aus ihren Gefühlen, sobald Rambo ihr zu nahe kam, bleckte sie die Zähne und fauchte ihn an. Aber Rambo hatte kein Interesse mehr an Betsy, seit er Anni erblickt hatte. Er versuchte alles, um ihr zu imponieren. Er machte in ihrer Nähe akrobatische Verrenkungen, benutze eine Melone als Sitz, schlug sie mit einem Stock, doch es schien alles nichts zu nützen, sie würdigte ihn keines Blickes. Nach ein paar Tagen änderte er seine Taktik und teilte sein Futter mit ihr. Sie nahm es an, tat aber so, als ob sie nicht weiter interessiert sei. Er begann ihr Fell zu lausen, so wie er es bei Betsy und Momo beobachtet hatte. Dann forderte er sie zum Spielen auf und kullerte um sie herum, wobei er sie umriss. Unwillig schrie Anni auf. Da gab Rambo auf und verschwand im Wald. Anni sah ihm nach. Und folgte ihm. Von da an waren die beiden unzertrennlich. Wer hätte das gedacht, die schüchterne Anni und Rambo der Draufgänger! Für Anni war das keine schlechte Wahl, denn wer Anni ärgerte oder ihr Futter stahl, der bekam es mit Rambo zu tun!

Sultan hatte sich für einige Tage selbstständig gemacht und Futter in den Fruchtbäumen gesucht. Dabei hatte er wohl den gleichen umgestürzten Baum entdeckt wie Rambo, der beide Inseln miteinander verband und seinerseits die andere Insel erkundet. Als er zu unserer Gruppe zurückkehrte, fand er sich vor vollendete Tatsachen gestellt. Rambo hatte den Platz des dominanten Männchens eingenommen.

Da Rambo sich nun in der Gruppe behauptet hatte, entschieden die Teknisi, die sein Verhalten beobachtet und den umgestürzten Baum zwischenzeitlich entfernt hatten, ihn in der Gruppe zu belassen und nicht wieder auf seine alte Insel zurückzubringen.

Die Walduniversität

Nachdem wir zwei Regenzeiten und eine Trockenzeit auf der Insel verbracht hatten, wurden wir auf eine andere Insel umgesiedelt. Diesmal wurden wir alle gemeinsam umgesiedelt, da sich inzwischen eine interne Hierarchie aufgebaut hatte. Die schüchterne Anni und die kluge Dina ließen sich von den Teknisi auf den Arm nehmen und auf die neue Insel bringen. Doch die meisten von uns mussten in einem Käfig transportiert werden. Ich wog inzwischen 30 kg und war stärker als die Männer. Rambo, der sich stur weigerte in einen Käfig zu gehen, bekam aus einem Blasrohr einen Pfeil in den Oberschenkel, der ihn schläfrig werden ließ. Müde ließ er sich schließlich zu einem Käfig führen.

Mein Käfig wurde mit Honkys und Rambos auf ein Boot verfrachtet, die anderen waren auf zwei weiteren Booten unterwegs oder würden später geholt werden. Die Fahrt sollte ca. eine Stunde dauern, doch auf der Hälfte der Strecke hatte Rambo keine Geduld mehr. Die Wirkung der leichten Betäubung hatte anscheinend nachgelassen. Wütend schlug Rambo gegen das Dach seines Käfigs, das nach einer Weile nachgab. Er bog das Dach auf und zwängte sich durch den entstandenen Schlitz nach draußen. Das Boot fuhr gerade auf ein Dorf zu. Die Teknisi riefen aufgeregt durcheinander, und ehe sie sich versahen, hatte Rambo sich einen über das Wasser ragenden Ast geschnappt und war entkommen.

Wir stoppten an einem Bootssteg des Dorfes. Mehrere Männer machten sich auf die Suche nach Rambo. Und Rambo machte sich auf die Suche nach seiner Anni. Er vermutete sie auf einem der anderen Boote und lief den Bootssteg entlang. Da sich keiner der Männer mit einem wütenden, fast ausgewachsenen Orang-Utan-Männchen anlegen wollte, der sieben Mal stärker als ein Mann war, hielten alle respektvollen Abstand. Schließlich lockten sie Rambo mit Futter auf die Veranda eines nahegelegenen Hauses, um ihn dort einzusperren. Er fiel auch auf den Trick herein, und ehe er sich versah, hatte er einen Pfeil in der Pobacke sitzen. Wütend über diesen üblen Streich brach er aus seinem Gefängnis aus und lief wieder Richtung Bootssteg. Die Männer sprangen aus dem Weg und ließen die Betäubung wirken.

Nach einiger Zeit knickte Rambo ein, dann fiel er in Zeitlupe in sich zusammen. Die Männer atmeten auf und brachten ihn zurück auf das Boot. Den Rest der Zeit verschlief Rambo. Als wir auf der neuen Insel ankamen, wurde Rambo auf die Futterplattform gelegt, wo er in Ruhe aufwachen konnte. Honky und ich sprangen aus den Käfigen und kletterten gleich hoch in die Bäume, so eine schaukelnde Bootsfahrt war einfach nicht mein Ding und ich wollte auf keinen Fall zurück in den Käfig.

Die neue Insel war nur von wenigen andern Orang-Utans bewohnt, war viel größer als die alte und bot mehr Fruchtbäume. Die waren auch nötig, denn die Futterrationen waren drastisch reduziert worden und verteilten sich auf 10 Futterplätze. Wir waren nun gezwungen uns selbst nach Nahrung umzusehen, was zur Folge hatte, dass wir mit der Zeit immer öfter allein unterwegs waren.

Eines Tages, als ich mit Honky und Franky auf einem der Futterplätze döste, entdeckte ich eine

Wespe. Ich erinnerte mich an die Bienen, die ich in der Waldschule kennen gelernt hatte, und versuchte der Wespe zu ihrem Bau zu folgen.

Vor einem Baum schwirrten viele Wespen herum. Vorsichtig versuchte ich mit der Hand in die Öffnung im Baum zu greifen, weil ich dort süßen Honig vermutete. Doch die Wespen fingen an, mich zu stechen. Autsch, das tat weh! Erschrocken sprang ich rückwärts. Doch der Honig war einfach zu verlockend, vorsichtig tastete ich mich wieder vorwärts und griff in das Wespennest. Das stellte sich als Fehler heraus, denn nun attackierten mich Hunderte von Wespen. Entsetzt sprang ich zurück und wälzte mich auf dem Boden. Auch Honky und Franky blieben nicht verschont. Honky, der eigentlich wasserscheue, flüchtete am nahe gelegenen Ufer ins Wasser, Franky kletterte in Panik weiter nach oben in die Bäume. Nach einiger Zeit war der Spuk vorbei, die Wespen hatten sich verzogen. Honky, Franky und ich trafen uns wieder auf der Futterplattform. In meinem Fell waren einige tote Wespen hängen geblieben. Ich pickte mir eine heraus und versuchte es einfach: Ich aß sie auf. Sie schmeckte gar nicht mal so schlecht. Honky und Franky taten es mir gleich. Obwohl anders als erwartet, kamen wir so zu einer kleinen Zwischenmahlzeit.

Dina hatte inzwischen den Nestbau perfektioniert. Sie hatte von Betsy gelernt, indem sie ihre alten Schlafnester auseinander-genommen, genau betrachtet und wieder zusammengebaut hatte. Außerdem hatte sie festgestellte, dass Betsy immer einige Zweige eines bestimmten Strauches mit einflocht, dessen Geruch die Moskitos fernhielt.

Auch wenn ich inzwischen selber ganz passable Schlafnester bauen konnte, war ich froh, wenn ich ein altes Schlafnest von Betsy oder Dina übernehmen konnte. Inzwischen fand ich die Mädchen sowieso viel interessanter als meine alten Kumpel. Ich folgte ihnen über die ganze Insel und musste feststellen, dass sie viel mehr gelernt hatten und in vielem viel geschickter waren als wir Jungs. Auch spuckten sie nicht so wie wir, wenn wir ärgerlich waren.

Ich bewunderte vor allem die kleine Daisy, die schon länger auf dieser Insel wohnte. Sie hatte nur eine Hand, da wo die andere Hand hingehört hätte, war nur ein Stumpf. Trotzdem war sie geschickt im Klettern und Nestbauen. Ich hatte aus den Fehlern der älteren Orang-Utans gelernt – schubsen und mit dem Stock hauen kommt bei den Mädels nicht gut an. Stattdessen wollte ich mit meinen Purzelbäumen imponieren. Doch Honky und Franky stahlen mir die Show, sie gesellten sich ungefragt dazu und kullerten hinter mir her. Die Mädchen waren nicht sehr beeindruckt, Daisy drehte mir den Rücken zu. Oder sah sie zu mir rüber? Ich ließ es drauf ankommen, hängte mich über ihr in eine Liane und macht faxen so doll ich nur konnte, schlenkerte mit den Armen und schüttelte mit dem Kopf bis mir ganz schummrig wurde. Daisy schien noch immer nicht beeindruckt. Am nächsten Morgen teilte ich mein Futter mit ihr, endlich schien sie mir wohlgesonnen zu sein. Um noch einen draufzulegen führte ich sie stolz zu einem Termitenbau, den ich tags zuvor entdeckt hatte.

Allerdings hatte ich keine Ahnung, wie ich an die leckeren Termiten rankommen sollte, da es sich nicht um verrottetes Holz handelte, sondern um einen Bau aus Lehm, der in der Sonne steinhart gebacken worden war.

Daisy freute sich offensichtlich über das „Geschenk", nahm beherzt einen Stock und schlug auf den Termitenbau ein. Eine Ecke platze ab und schnell begann sie, an der Öffnung zu saugen. Ich tat es ihr gleich, nahm einen Stock und schlug an einer anderen Ecke ein Stück ab. Als Daisy mit dem Saugen keinen Erfolg mehr hatte, nahm sie einen kleinen Stock in die Hand und pulte die Termiten heraus.

Insekten waren jetzt ein fester Bestandteil unserer Ernährung geworden, selbst Honky, der sich zuerst gar nicht daran gewöhnen wollte, war inzwischen ein geschickter Jäger geworden.

- 8 -

Zurück im Wald

Nach 18 Monaten kamen die Teknisi in regelmäßigen Abständen mit Blasrohren auf die Insel und brachten einige von uns fort. Irgendwann erwischte auch mich einer der Pfeile. Ich wurde müde und ließ mich zu einem Käfig führen. Ich wurde für ein paar Tage zurück zur Station Harapan gebracht, wo mich der Arzt untersuchte und mir einen Chip verpasste. Zuerst piekste es zwar ein bisschen, doch der Chip störte mich nicht weiter, er würde den Mitarbeitern ein Jahr lang ermöglichen, mich zu orten.

Nach ein paar weiteren Tagen, an denen auch die anderen untersucht und gechipt worden waren, erhielt ich wieder eine leichte Betäubung und wurde in einen Käfig gesteckt. Der Käfig wurde erst in ein Boot geladen, später dann mit einem Helikopter in die Lüfte erhoben und weit weg in einen unberührten Teil des Regenwaldes gebracht, wo es keine natürliche Population von Orang-Utans gab, wo aber bereits andere Tiere freigelassen worden waren.

Ich war noch immer etwas benommen, als meine Käfigtür geöffnet wurde. Einen Fluss konnte ich nicht ausmachen, dafür sehr viele, sehr hohe Bäume. Und eine vertraute Futterplattform. Auch jetzt waren dort Früchte aufgetürmt, die ich sogleich in Augenschein nehmen wollte. Doch während ich mich auf den Weg zur Plattform machte, krachte und knackte es in den Bäumen. Ein Orang-Utan erschien, schnappte sich so viel Obst, wie er nur konnte, und kletterte mit drei Ananas, einer Papaya und einer Süßkartoffel geschwind die Bäume hinauf.

Ich staunte nicht schlecht, wie konnte man so viel tragen und gleichzeitig so geschickt klettern? Das konnte doch nur mein alter Kumpel Franky sein, der einer der ersten gewesen war, den die Teknisi von der Insel geholt hatten. Ich sah mich neugierig um. Da waren noch andere Käfige, ich erkannte Dina und Momo, beide genauso erstaunt und benommen wie ich. Dina war – wie immer – die erste, die sich in die Bäume wagte. Momo und ich inspizierten lieber erst mal die Plattform. Hier würden wir sicher in den nächsten Wochen noch Futter finden, solange bis wir uns eingelebt und die Fruchtfolge der Bäume kennen gelernt hätten.

Momo war in den letzten Monaten viel selbstständiger geworden und hatte nur noch wenig Zeit mit Betsy verbracht.

Auch Honky hatte ich immer seltener gesehen, denn auch er hatte seine Leidenschaft für Mädchen entdeckt. Wo der wohl steckte? Na egal, ich wollte lieber den neuen Wald inspizieren und feststellen, wo sich die Futterbäume befanden. Vielleicht würde ich ja auch bald auf ein geschlechtsreifes Weibchen treffen! Dann war es sowieso besser, wenn kein anderes Männchen in der Nähe war.

Entschlossen kletterte ich in die Bäume.

Hintergrund

In Indonesien schwindet der Lebensraum der Orang-Utans in einem rasanten Tempo. Der Regenwald muss riesigen Ölpalm-Plantagen weichen. Wenn ich von der gnadenlosen Abholzung erzähle, erlebe ich immer wieder, dass die Menschen ganz erstaunt sind. Viele denken, dass schon längst etwas gegen die Abholzung unternommen worden sei. War das nicht mal ein Thema vor 20 Jahren?
FSC - Siegel, Recycling-Papier, Mülltrennung – ist das nicht genug?

Tatsache ist, dass die Abholzung schneller voranschreitet als je zuvor. Einer der größten Abnehmer von Palmöl ist Deutschland. Palmöl finden wir in vielen Dingen des täglichen Bedarfs, z.B. in Shampoo, Duschgel, Margarine. Doch der Löwenanteil wird zu „Bio"-Diesel verarbeitet! Wenn Ölpalmen in den Sumpfwäldern – der Heimat der Orang-Utans – angebaut werden, werden die Gebiete entwässert. Der ausgetrocknete Torf brennt sehr schnell und dabei werden Gigatonnen CO_2 frei. Was man also hier mit einer Tonne Biosprit an CO_2-Ausstoß spart, wird in 32-facher Menge in Indonesien ausgestoßen. Und als Folge dieses Palmölproblems ist Indonesien nach China und Amerika mittlerweile der drittgrößte CO_2-Emittent der Welt geworden.

Die Auswilderungsstationen leisten großartige Arbeit, doch wo sollen künftig die Orang-Utans ausgewildert werden, wenn kein Wald mehr da ist?

Ich wurde tatsächlich schon mal gefragt, womit ich meinen Einsatz für die Orang-Utans „rechtfertige" und warum ich mich nicht lieber für hungernde Kinder engagiere.

Dazu kann ich nur sagen: Die Orang-Utans sind nur die Spitze des Eisbergs. Es geht doch um viel mehr: um die rücksichtslose Zerstörung der Regenwälder aus Profitgier. Nicht nur die Orang-Utans verlieren ihren Lebensraum, auch andere seltene Tiere wie der Borneo-Waldelefant, der Nebelparder, die Nasenaffen, die Gibbons, das Borneo-Nashorn oder der Sumatra-Tiger und viele mehr. Und natürlich verlieren auch die Menschen ihre Lebensgrundlage. Artenschutz kann nur funktionieren, wenn auch die Menschen davon profitieren. Daher wird z.B. im Aufforstungs-Projekt Samboja Lestari die lokale Bevölkerung in jede Phase des Projekts mit einbezogen. Es entstehen alternative Arbeitsplätze zur Holzindustrie, es gibt Umweltbildungsprogramme für eine bewusste Lebens- und Bewirtschaftungsweise, Schulklassen dürfen die Station besuchen, bei Beschlagnahmungen von Orang-Utans treten Mitarbeiter in den Dialog mit der lokalen Bevölkerung und leisten Überzeugungsarbeit, es gibt Schulprogramme, Familienprogramme, Bildungsarbeit.

Orang-Utan-Schutz ist Menschenschutz und Klimaschutz!

Um dieses Buch schreiben zu können, habe ich mich über die Abläufe in verschiedenen Auswilderungsstationen auf Borneo informiert, z.B. über Nyaru Menteng und Samboja Lestari (von BOS – der Borneo Orang-Utan Survival Foundation), über Sepilok und Sarawak (WWF), sowie über Bukit Tigapuluh auf Sumatra (Zoologische Gesellschaft Frankfurt).

Die Fotos in diesem Buch habe ich in Samboja Lestari und Sungai Wain gemacht.

Die Namen und Charaktere der Tiere sind frei erfunden. Die Geschichte setzt sich aus dem zusammen, was ich über die Auswilderung von Orang-Utans gelernt habe. Ähnlichkeiten mit lebenden Waldmenschen sind rein zufällig, lassen sich aber nicht vermeiden, denn ihre Schicksale ähneln einander.

Ich danke besonders Dr. Willie Smits und Lone Dröscher Nielsen von BOS für ihren unermüdlichen Einsatz. Ich danke aber auch allen anderen, die sich mit ihrer Arbeit oder mit ihrer Spende für die Orang-Utans einsetzen.

Die Gewinne aus dem Verkauf dieses Buches fließen in Projekte in Samboja Lestari.

Wer mehr über den Überlebenskampf der Orang-Utans erfahren möchte, kann sich an folgende Organisationen wenden:

BOS-Deutschland e.V.
www.bos-deutschland.de

Rettet den Regenwald e.V.
www.regenwald.org

Fans for Nature e.V.
www.fansfornature.de

Borne-Orang-Utan-Hilfe e.V.
www.borneoorangutanhilfe.de

Vier Pfoten e.V.
www.orang-utans.org

WWF
www.wwf.de

Zoologische Gesellschaft Frankfurt
www.zgf.de

Im Mai 2009 habe ich ein Volontariat auf Borneo in Samboja Lestari absolviert.

Besuchen Sie meine Homepage:
Claudia-Heumann.jimdo.com